CUADERNÍSTICA

Cuadernística
Copyright © Cristóbal Polo, 2025

De esta edición:
Copyright © Wunderkammer, 2025
Major, 4. 17731 Terrades (Girona)
info@wunderkammer.es
www.wunderkammer.es

Diseño de colección: Hermanos Berenguer
Maquetación: Sistemes d'Edició
Impresión: QP Print (Molins de Rei, Barcelona)
ISBN: 978-84-127431-3-5
DL: GI 164-2025
En cubierta: Moscovita

CRISTÓBAL POLO

CUADERNÍSTICA

Cahier

n.º 14

WunderKammer

Cristóbal Polo (Los Barrios, Cádiz, 1982) ha publicado los libros de poesía *Teoría del vuelo* (Tierra, 2003), *Tuviéramos* (Ayto. de Málaga, 2005) y *Tumba común* (Gravitaciones, 2017), además del libro de relatos *Cuentos premonitorios* (Alfama, 2008). Ha contribuido como traductor a la antología de poesía lituana *22 poemas para un centenario* (AECID, 2022) y algunos de sus textos han sido traducidos al lituano y publicados en revistas como *Naujasis Židinys* y *Gegutė*. Algunas de sus obras combinan la escritura con otros soportes expresivos, como la fotografía estonopeica, el cine súper 8 y el montaje radiofónico. Su cortometraje *Alrededor de la tumba común* formó parte de la selección oficial del Festival Cinemística 2018, y es coautor del guion de *Ursúas*, un largometraje del director gallego Roi Fernández. Su colaboración con Ieva Rusteikatė en el proyecto de edición y encuadernación artística Siberiana Books le ha permitido explorar las posibilidades creativas y literarias de la escritura cuadernística.

La emoción de saber que siempre hay un poco más; y ese poco más es el lugar desde el que se escribe.

Russell Edson

El cuaderno no es solo un lugar de asilo en el espacio; también es un archivo en el tiempo. Escapo del presente y entro en contacto con un vasto futuro.

Philippe Lejeune

1

Al fondo del patio, bajo el gran fresno, está la chica del chubasquero azul turquesa, otra vez. Allí sigue, sentada en el bloque de hormigón, enfrascada en el cuaderno abierto sobre sus rodillas.

Su mano garabatea con prisa, a ráfagas. De repente se detiene y alza la vista hacia los tejados herrumbrosos que la rodean. Un viento ligero sacude las copas de los árboles. La brisa entre las hojas levanta un murmullo blanco y granuloso sobre su cabeza. Así suena mediados de octubre en este viejo patio de muros bombardeados. El aire huele a limo, a mantequilla y a candela recién encendida.

Sobre los tejados resuena el graznido de una gaviota. La chica sonríe, baja la vista y sigue escribiendo. El mar queda lejos, de allí y de la memoria genética de esa gaviota. Pero en el cuaderno sí que aparece el mar, por unos segundos, hasta que sus destellos quedan sepultados bajo la sirena desquiciada de una ambulancia que pasa a todo trapo y se aleja.

La chica del chubasquero azul turquesa alza la vista de nuevo, distraída o muy concentrada, según se mire. Sus ojos se topan con los tuyos.

No te importa que te haya robado tu sitio bajo el fresno. Una especie de simpatía gremial crece dentro de ti y te empuja a levantar la mano en señal de saludo. La chica baja la vista, sin inmutarse, y sigue a lo suyo.

Te parece justo. Das media vuelta en busca de otro rincón soleado del patio en el que abrir tu cuaderno.

2

Paul Valéry se levantaba cada mañana entre las cinco y las seis, encendía un cigarrillo —no sabemos si también se preparaba un café— y se sumergía en la escritura de sus cuadernos durante un par de horas sin interrupción. Así durante cuarenta y cinco años. «Estos cuadernos son mi vicio», confesó alguna vez.

En ese monumental diario intelectual que son sus *Cuadernos*, Valéry registró los «hechos del pensamiento mismo», las ideas como objetos observables y en constante mutación: «Estos cuadernos representan la naturaleza provisional, perpetuamente provisional, de todo lo que me viene a la mente».

Pero esos papeles, además de una disciplina mental, eran también el último refugio, «una forma del deseo de estar conmigo, y hasta de ser yo».

3

El cuaderno es el laboratorio del instante, de la impresión escurridiza: figura vaporosa de un pensamiento, rayo de sol tibio sobre una fachada o cielo azul brillante de una tarde de marzo.

Mirada y pensamiento son una misma cosa en el rastro que va dejando la mano sobre la superficie del cuaderno.

4

Los papeles de Ludwig Höhl colgaban de un cordel que atravesaba su estudio como ropa tendida o como fotografías recién reveladas.

Había descubierto el verdadero sentido del trabajo: corregirse, reescribirse, reordenar las frases y los fragmentos de sus anotaciones en busca de una combinación definitiva. Esa fue su principal ocupación durante los veinte años que pasó voluntariamente encerrado en aquel sótano.

A aquel lugar llegaban muy pocos lectores, pero sí algunos incondicionales como Friedrich Dürrenmatt o Max Frisch, que a veces traían la merienda. El verdadero lector tardaría en llegar, pero terminaría llegando, como barruntaba Höhl: «Que tendré lectores, y en el sentido más riguroso, está fuera de toda duda. Lo que no sé es simplemente cuántos y cuándo».

5

Escritura nacida *en, para* y *a través del* cuaderno.

El cuaderno como punto de partida, como medio y como fin de la escritura. El cuaderno como soporte de una obra siempre provisional, imperfecta y abierta.

6

Noche de noviembre.

Estoy sentado en la oscuridad frente a las luces rojas, amarillas y azules de la autovía que atraviesan la pantalla negra de los cerros.

Rumor de grillos tardíos y tráfico lejano. Algo pequeño cruje en medio de la noche. Un membrillo cae y golpea el suelo. Un pájaro sale volando de entre las ramas de un fresno.

Un día después, a la misma hora, estoy sentando de nuevo en la oscuridad con el cuaderno abierto. Por si volviera a caer otro membrillo.

7

Yoshida Kenkō, un bonzo budista japonés del siglo XIV, cultivó un método de escritura muy similar al de Ludwig Höhl. Pero, en lugar de cuerdas, utilizaba las paredes de su cabaña, donde iba pegando los papeles que llenaba ociosamente con su pincel y que posteriormente fueron recopilados por su amigo Imagawa Ryōshun. Al comienzo de sus *Ocurrencias de un ocioso,* escribe:

«En medio del ocio, en este océano de paz, paso los días inclinado sobre el tintero, tratando de recoger en el papel las descabelladas ocurrencias que cruzan por mi mente. Yo mismo me he quedado sorprendido de tantos desatinos».

8

El cuaderno tiene su razón de ser en lo fragmentario y aparentemente inconexo. Pero no persigue otra cosa que crear un mundo.

Para el cuadernista, cada uno de sus cuadernos es un mundo, pero todos sus cuadernos forman un solo mundo.

Necesidad y contingencia son una sola y misma cosa para la cuadernística.

9

El cuadernista piensa: «Soy el único cuadernista sobre la tierra». Y la verdad es que no le falta razón.

10

Al cruzar la explanada de Dominikonų, vuelve aquel viejo traqueteo de las cabinas telefónicas —tiempo tragando metal—, en las manos de una chica que paga su plaza de aparcamiento.

Cuando llego al portal de casa, en la sombra musgosa de un escalón, alguien se ha dejado una goma de borrar. Negruzca y muy gastada por los bordes. La dejo donde está. ¿Qué habrá borrado?

11

Trapo consciente, apenas pensante.

Mucha idea perdida, sepultada entre miles de gestos maquinales y pequeñas tareas a medio empezar.

Pero el accidente llega adonde no llega el hábito de pensar.

Una música de esquilas flota sobre los cerros, como traída por el viento de poniente. ¿Qué animales están cruzando la mañana para nosotros, que apenas estamos en ella?

Por la noche, en el patio, enciendo una cerilla y miro las autopistas plateadas de los caracoles sobre los canteros y los postes de cemento.

La llama aletea por última vez y se apaga.

No se habla lo suficiente del crepitar minúsculo, casi imperceptible, en el interior de una cerilla recién consumida.

12

Isaac Newton, hijo de analfabetos, consiguió su primer cuaderno a los doce años, con el dinero que su madre le había dado antes de enviarlo a The King's School, en Grantham.

En estas primeras anotaciones, los cálculos matemáticos y astronómicos se alternan con listas de recetas e instrucciones de lo más variopinto: cómo recrear el color del mar, de las nubes, de un melocotón, un sujetador o un cadáver; cómo construir un reloj de sol, cómo pegar cristales rotos, emborrachar pájaros o convertir el agua en vino.

En la primera página de ese cuaderno escolar con cubierta de pergamino, escribió con letra diminuta: *Isacus Newton hunc librum possidet* («Isaac Newton posee este libro»), a lo que añadió el nombre de un misterioso valedor y el precio del volumen: dos peniques y medio.

13

Pensemos en la fotografía estenopeica o *pinhole*. Fotografía a través del agujero de una caja de cerillas. Escritura de un mundo de formas espectrales y en disolución. Sin lentes ni diafragmas ni obturadores. Solo una mano y un agujero por el que pasa la luz.

El fotógrafo espera mientras su caja negra recoge los fantasmas. Mira fijamente la escena y el agujero absorbe la luz que el objeto devuelve desde un espacio muy diferente al que perciben los ojos. La espera, la contemplación, invoca y remueve los fantasmas en el interior de la caja negra. De ese lado del agujero, la presencia inaccesible del objeto se convierte en espectro, en espacio casi anterior al espacio, en instante puro.

La caja de cerillas sería a la fotografía lo que el cuaderno a la escritura.

14

Tener una idea y luego tener que pensar en cómo sacar esa idea de dónde está, qué espacio darle y qué nombre ponerle.

Sería inútil abrirle un túnel, porque siempre se ocultaría más al fondo.

Sería inútil ponerle una cama, porque se echaría a dormir en cualquier otro lugar.

Sería inútil llamarla por lo que todavía no es, porque olvidaría lo que empieza a ser y terminaría apagándose.

15

Tienes que usar las palabras de otra manera, eso es todo. Las que te queden.

Es decir, van quedando cada día menos palabras, pero eso no es malo. No tiene por qué ser malo. No pongas esa cara. Seguramente es buena señal.

Las palabras que no importan van quedando atrás. Así es como funciona.

Un viejo jersey cada día más fino y deshilachado, y más tuyo, cuyo rastro se pierde en viejos armarios del milenio anterior. Algo así debe ser tu lengua.

Cada día vas dejando por el camino pelusas e hilachas de palabras como si te estuvieras acercando a las palabras que verdaderamente importan.

Y desde luego así es como tiene que ser.

16

Lo que escribe el poeta Russell Edson en defensa de la prosa poética bien podría aplicarse a la escritura cuadernística:

«Una poesía liberada de la definición de poesía, y una prosa libre de las necesidades de la ficción; una forma personal marcada no por otra literatura sino por la infelicidad; por tanto, una forma de ser FELIZ. La escritura es la alegría cuando todas las demás alegrías han fracasado».

17

Un cuadernista con talento es cien veces un buen escritor, ha escrito un cuadernista.

Pero un buen cuadernista no debería tomarse a sí mismo demasiado en serio. Vive y escribe. Vive sin dejar de escribir y escribe sin dejar de vivir. Ese es su don. No escribe para vivir ni vive para escribir. Escribe, simplemente, para no dejar de escribir. Esa es toda su audacia.

Eso es todo, pero no es tan poco. Por eso el cuadernista debería quererse un poco a sí mismo —un poquito, al menos—. La cuadernística, como toda escritura, requiere un mínimo irreductible de autoengaño para poder seguir viva. Mallarmé lo tenía muy claro con respecto a la literatura: una vez desmontado el juego, la ilusión, el placer se desvanece y todo se va al garete. Y ya no queda vuelta atrás.

O puede que sí. Y quizás el cuaderno sea justamente eso: la enésima reencarnación después del GAME OVER.

El juego literario, como toda magia social, oculta en su fondo una caja negra. Está prohibido husmear en ella, incluso en caso de catástrofe. Y en esa prohibición se funda todo el misterio. Si alguien se atreve a meter sus narices en la caja negra, no destruye ni el misterio ni el juego, sino que se destruye a sí mismo para el misterio y para el juego. Queda fuera, sin más. Y el juego sigue sin él.

19

Un buen cuadernista es quien se queda dormido sobre su cuaderno.

En jerga cuadernística, las manchas de tinta en el cuaderno se conocen como «flores de sueño» o «flores de cuadernista dormido».

He aquí un ejemplo:

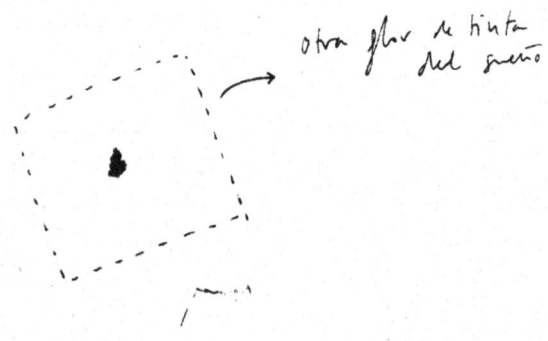

otra flor de tinta del sueño

20

Todo lo que cabe en un cuaderno es sagrado, sagrado como una taza de café humeante en un patio nevado, como una mandarina bajo la luz de una ventana, como un cuervo que picotea un trozo de cristal o como el chubasquero azul turquesa de la chica que escribe bajo el fresno.

21

En noviembre de 1975, Peter Handke comenzó a llenar un diario con anotaciones para una futura novela. Volcaba en el cuaderno todas sus observaciones e impresiones cotidianas, para posteriormente reelaborarlas en un marco ficcional. Pronto descubrió que algo estaba fallando. Todo lo que no se adecuaba al objetivo literario marcado se estaba quedando fuera del cuaderno, cayendo en el más absoluto olvido. El coste era enorme. Así que decidió deshacer el molde, no filtrar, no dirigir, no descartar, dejar que todo cupiera en aquellas páginas.

«Poco a poco», escribió, «el plan se destruyó y solo quedó la anotación espontánea de percepciones libres de objetivo alguno». Aquel diario se convirtió, según Handke, en «la crónica de una conciencia». Y eso es *El peso del mundo*, un cuaderno nacido de un proyecto de ficción desmantelado, invadido por los destellos de una realidad que empuja y reclama ser mirada, ser escrita.

Escritura que desborda una forma y una dirección prefijadas para abrirse a todas las formas y
direcciones, en busca de un mundo.

22

La acumulación indolente de anotaciones acabaría segregando bajo su peso, por fricción, alguna clase de sentido. Un sentido que no se busca ni se construye.

Un lenguaje desnudo, desarticulado, elástico, escurridizo. ¿Y los datos, las referencias? Reducidos a su mínima expresión, como un anclaje inevitable al correr del tiempo y el espacio.

Porosidad, ligereza, casualidad.

Habría que lograr, sin pretenderlo, que la anotación reprodujera en su lenguaje, en su cadencia, un instante de visión, de pensamiento, de imaginación, desechando lo accesoriamente informativo.

23

Para unos, los cuadernistas son solo *escritores en retirada,* sujetos deculturados en un mundo completamente nuevo en el que ya no cabe lo único que aprendieron, tal y como lo aprendieron.

Para otros, los cuadernistas son higienistas, y su *retirada* no es otra cosa que una avanzadilla. La escritura *con un fin* se ha devaluado por abuso. Como los antinatalistas en un mundo supuestamente hiperpoblado, los cuadernistas habrían decidido cerrar el grifo en un mundo *hiperpublicado*. Su alternativa: el retiro voluntario a las salvajes praderas de la cuadernística.

Pero la cuadernística no es un fetichismo del cuaderno ni un solipsismo de la escritura ni una retrofilia del papel ni una alergia al texto acabado y público.

La escritura cuadernística puede convivir con la escritura literaria, cuya meta es la obra acabada y pública. Pero la cuadernística no tiene una meta más allá de sí misma: la simple prolifera-ción de la escritura es su única finalidad.

24

Los cuadernistas puros son grafómanos que han decidido acampar de forma permanente en sus cuadernos.

Pero también hay cuadernistas que están de paso. Escritores de toda clase que siguen regresando a sus cuadernos, como cuarteles de invierno, para volver a encontrar el pulso de su escritura.

«Estos papeles me sirven para aprender a escribir», reconoce Josep Pla. «No para aprender a escribir bien, sino para aprender a escribir». Se trata, como para otros cuadernistas, de una necesidad elemental, irrenunciable. «Las líneas que escribo aquí me resultan tan vitalmente necesarias como el respirar».

Escribe siempre con lo que tienes a mano, con lo que te sale al paso, con lo puesto.

Si tu memoria escamotea un nombre y, en lugar del nombre, aparece una tuerca olvidada sobre una repisa, pon esa tuerca donde deberías escribir el nombre.

Si no logras encontrar una fecha y, en su lugar, aparece un jirón de nube tras las ramas ondulantes de un abedul, pon ese jirón de nube donde deberías escribir la fecha.

Es fácil. Verás que ya no hará falta seguir buscando el nombre o la fecha, puesto que ya están ahí, ocupando su hueco bajo lo que has puesto en su lugar: la tuerca olvidada o el jirón de nube. Actúa de esta manera con todo lo demás, y verás que no habrá nada que te falte.

Pero no es tan fácil. Porque encontrar palabras para lo que tenemos delante de los ojos puede ser un auténtico calvario. Recuerda lo que decía Karl Kraus: «Cuanto más de cerca miras una palabra, desde más lejos te mira ella a ti».

No te sale, insiste. No te sale, insiste. No te sale, insiste. Pero ¿para qué? Da igual, insiste.

Uno de los pocos libros que Yoshida Kenkō lle-
vó consigo en su retiro ascético era, por supuesto, el *Libro de la almohada,* de Sei Shōnagon,
poeta y cortesana japonesa del siglo XII.

Shōnagon es la precursora del género ensayís-
tico *zuihitsu,* que podría traducirse como «el
correr del pincel». Pionera indiscutible de la
cuadernística, escribía para sí misma en su «cuaderno de cabecera», ese que hay que tener siempre a mano cerca de la almohada.

Observaciones pasajeras, apuntes de sociedad,
sutiles agudezas, breves instantáneas, listados
de cosas que atraen su atención, bocetos de poemas, pequeñas narraciones, pinceladas descrip-
tivas como paisajes en miniatura; todo cabe en
ese flujo en el que la mano se mueve con gracia y
agilidad e incluso cierta indiferencia.

El pincel salta de un motivo a otro sin detenerse más de lo necesario. Importa más el flujo, que las impresiones e ideas salten al cuaderno manteniendo toda su viveza, sin adornos innecesarios. En el penúltimo fragmento de su *Libro de la almohada*, confiesa:

«Me propuse llenar los cuadernos con anotaciones sobre hechos raros, historias del pasado, y toda suerte de cosas, incluyendo a menudo la materia más trivial».

28

Todo cuaderno debe tener un nombre. Porque cada cuaderno pertenece a un mundo y *es* un mundo. Y los mundos sin nombre son solo pantanos de tiempo.

El cuadernista nombra sus cuadernos para que sus cuadernos regresen a él en el momento justo y le devuelvan un nombre y un mundo.

A lost thing looks for a lost name.

Lucile Desmoulins, la dulce y risueña Lucile,
fue decapitada un día de primavera de 1794.

Seis años antes, había comenzado su diario con
esta anotación: «Mamá me regaló esta mañana
un gusano de seda».

30

El profesor Philippe Lejeune, especialista en el género de la autobiografía, comenzó a interesarse por el fenómeno del diario a finales de los años ochenta. Lo que sabía al respecto se limitaba a su propio diario de adolescencia y juventud, del que había renegado durante décadas.

En 1988, publicó en la revista *Magazine Littéraire* un llamamiento dirigido a escritores de diarios, a los que invitaba a explicar qué sentido tenía para ellos esa manía de llenar cuadernos. Sus respuestas se publicaron en un libro, *Cher Cahier*, acompañadas de un prólogo y un breve análisis. Lejeune incluyó también una lista de las principales metáforas usadas por los encuestados para referirse a sus cuadernos:

respiración
soplo de vida
agua que fluye

letanía
emborronar papeles
botella en el mar

isla
puerto
espejo
mosaico roto
balizas
laboratorio
columna vertebral
muleta
pretil
ritual mágico
salmodia
cuerpo
momias

exutorio
digestión
excreción
retrete
cloaca
pus
masturbación
droga
cigarrillo
bomba
radiactividad
flores secas
herbario

Hay un retrato al óleo de 1840 en el que una pequeña Emily Dickinson, de solo nueve años,
posa con sus hermanos Lavinia y Austin. Sorprende el gran parecido de los tres chiquillos:
misma cara redondeada de ojos grandes, algo
caídos, y frente despejada, mismo pelo corto
peinado a un lado y mismos labios fruncidos en
una sonrisa contenida. A diferencia de sus hermanos, Emily tiene el pelo rojo y unos pómulos
menos infantiles y más pálidos. Pero sobre todo
destaca por el cuaderno abierto que sostiene entre sus manos. De las páginas del volumen bro-
tan flores y tallos ensortijados. Ese detalle da fe
de la pasión por las plantas que la niña había comenzado a desarrollar por esas fechas.

A los catorce años, Dickinson ya había comple-
tado su propio herbario, un álbum de 66 páginas
con más de 400 muestras de flores recolectadas
en el jardín familiar y en los bosques de los alrededores, todas con su nombre caligrafiado en

una tira de papel. La primera planta de la colección es un jazmín blanco; la última, un racimo de flores azules de una especie de romero.

El herbario de Dickinson es un recorrido por los bosques y jardines de su infancia en Armherst, el pueblo del que apenas salió durante toda su vida. Son los mismos paisajes que años más tarde frecuentarán sus poemas, donde pueden encontrarse arces que parecen telares, olmos que producen música, niños que juegan sobre la hierba o que duermen bajo la tierra, brisas que barren los valles, barqueros que regresan caminando por la orilla, labradores que son ángeles y nanas para flores recién nacidas.

Al final de su vida, Dickinson pasaba los días entre las cuatro paredes de su habitación, encorvada sobre sus papeles o mirando los campos a través de la ventana. La escritura puede llevarla al único lugar adonde necesita ir. Y para eso no tiene ni que levantarse de la silla.

Sus poemas son una prolongación de aquel herbario de la infancia. Las plantas siguen brotando entre las páginas. Tal es su fascinación por las flores, que a veces siente que le bastaría un bote de rocío, una brisa y un par de abejas para terminar convertida en una flor más.

En uno de los cuarenta volúmenes que su hermana Lavinia encontró en su habitación, había dejado escrito:

Es todo lo que hoy puedo traer
esto y mi corazón al lado,
esto, y mi corazón, y todos los campos,

y toda la amplitud de las praderas.
Asegúrate de contarlo, no sea que yo lo olvide.

33

Salimos a caminar en dirección al río, bajo el cielo blanco. La nieve que está a punto de llegar, la primera nieve, palpita en las yemas de los dedos.

La calle Liejyklos está prácticamente desierta, salvo por algún repartidor de Bolt que pasa zumbando calle abajo. Las ramas de los castaños están casi desnudas. Aún no ha comenzado a anochecer, pero hay muchas ventanas encendidas.

En el callejón de Skapo, tres hombres de mediana edad están detenidos junto a un portal. Uno de ellos habla y señala la ventana de una segunda planta. Explica a los otros que, cuando era pequeño, una bola de fuego entró por la ventana del salón, atravesó varias habitaciones y se escurrió por el orificio de un enchufe como si fuera un chorro de agua.

Nos adentramos en el callejón y nos detenemos junto a una de las ventanas de la facultad. Hago pantalla con las manos y miro el interior oscuro de mi despacho. Una luz roja parpadea al fondo. Distingo en la penumbra un montón de libros que dejé sobre una mesa hace unos días. Ya no siento los dedos de mis manos, así que me pongo los guantes y seguimos caminando.

Pasamos junto a la academia de tenis y cruzamos el puente que lleva a la orilla opuesta del río. Al borde del camino de tierra, algunos chicos fuman y beben apiñados en un banco. Una pareja joven con un perro grande aprieta el paso al sentir los primeros copos. Nos desviamos hacia la zona boscosa de la ladera y miramos las casitas de madera que cuelgan de algunos árboles.

Pienso en el doctor Rubió. Me pregunto qué habrá sido de él, cómo estará viviendo su jubilación. Debería escribirle un correo, pero no sé a qué dirección. Aprovecho para saludarlo desde aquí.

Hola, Dr. Rubió, ¿qué tal va todo?

¿Cómo era aquello? *Atento, vigilante, saltando como un tigre sentado.* Eso era. Me acuerdo muy a menudo de usted, Dr. Rubió. Ojalá viva muchos años más y volvamos a encontrarnos.

Yo sigo aquí, en Vilnius. Ahora mismo estoy arrimado al tronco de un tilo, resguardándome de la primera nieve bajo el suelo de una casita de pájaros.

34

Cuadernista, no prometas que no dejarás pasar ni un solo día sin anotar nada en tu cuaderno. ¿Para qué?

Promete, mejor, que no vivirás de tal modo que haya días sin nada que anotar en tu cuaderno.

35

El 16 de diciembre de 1910, Franz Kafka estaba de buen humor.

Abrió su cuaderno, anotó un puñado de palabras y una corriente de alivio subió por sus brazos y le cosquilleó las sienes. De repente, nada parecía tan grave. Todo estaba más o menos en su sitio. Se sentía a salvo, en paz con todo y todos. Ese fugaz destello de alegría, de apenas un par de minutos, había brotado del cuaderno y volvió al cuaderno en forma de firme propósito: «Ya no abandonaré mi diario. Tengo que aferrarme a él, no tengo otro sitio donde hacerlo». El cuaderno le salvaba de la apatía y la insignificancia que caía sobre él cada tarde, al regresar de un trabajo anodino y mortificante. Se aferraba al cuaderno para no quedar sepultado bajo el paso indolente de los días. Para existir, o haber existido, alguna vez, o algún día, en un futuro improbable y radiante.

En esa misma entrada, declara: «Me gustaría explicar el sentimiento de felicidad que siento dentro de mí de cuando en cuando, como ahora precisamente». Le gustaría explicarlo, pero no lo explica, ni entonces ni más adelante. Y no hace falta: cualquiera que lea sus diarios lo entenderá.

36

El 2 de agosto de 1914, Kafka anotó en su diario: «Hoy Alemania ha declarado la guerra a Rusia. Por la tarde, escuela de natación».

Pero incluso si no ha estallado ninguna guerra ni tienes ningún otro plan, siempre hay algo que anotar.

Por ejemplo, un cuadernista ha escrito: «La sombra de mi mano no me deja ver lo que acabo de escribir, así que vuelvo a escribirlo: la sombra de mi mano no me deja ver lo que acabo de escribir, así que vuelvo a escribirlo...». La anotación se interrumpe con un manchón de tinta. Sabemos que el cuadernista se ha quedado dormido.

37

Si la memoria te juega una mala pasada y has perdido para siempre una idea, nada está perdido. Pascal tiene la solución en una de las muchas anotaciones dedicadas al tema del azar que se encuentran en ese manojo desordenado de papeles que se conoce como los *Pensamientos*.

«El azar da los pensamientos y el azar nos los arrebata; no hay artificio que pueda conservarlos o adquirirlos. Se me ha olvidado un pensamiento que quería escribir; lo que hago es escribir que se me olvidó».

38

Todo cuadernista es un calígrafo, aunque su letra sea tan endemoniadamente ilegible como los microgramas a lápiz de Robert Walser.

39

La escritura de Robert Walser es un intento de desaparición. Para desaparecer, uno puede desintegrarse o hacerse infinitamente pequeño. Walser optó por lo segundo, sobre todo desde su ingreso en el sanatorio psiquiátrico de Herisau.

Los 526 pliegos que integran «El método del lápiz» fueron compuestos con una microscópica caligrafía gótica en cuyo desciframiento los investigadores se han demorado cuatro décadas.

Fue en los años veinte cuando Walser decidió pasarse al lápiz, en un intento —como confesó en alguna ocasión— de regresar a los orígenes de la escritura, a los tiempos del cuadernillo escolar. Con el lápiz, todo lo escrito es virtualmente efímero. Pero hay quizá otra razón, más técnica, que lo emparenta con Höhl: una necesidad de abolir la linealidad del acto de escribir. Eliminar esa linealidad equivale a abrir la escritura a todas sus posibilidades. Los estímulos pueden venir de cualquier lado, en cualquier dirección y en cualquier momento. Y cada momento es un nuevo comienzo. No en vano, para algunos, Walser es un «escritor sin motivo», y su obra, una deriva ociosa e indolente sobre la vanidad del mundo.

Hay quien dijo de él que era «el más oculto de todos los poetas». Hacerse pequeño e ingrávido hasta desaparecer.

Luis XVI, el último rey de Francia, comenzó su diario personal siendo un adolescente y lo mantuvo hasta poco antes de su muerte.

Cada noche, con letra clara y redondeada, consignaba lacónicamente los acontecimientos de la jornada: «2: la lluvia me impidió cazar ciervos, sermón y saludo; 6: paseo por la Alameda para ver caballos y luego maté dos ciervos; 12: bastante nublado; 13: lunes, Pascua en la iglesia parroquial, misa de Víspera en la galería pequeña, estaba resfriado. 14: nada, misa en casa.»

«Nada» es la palabra que más se repite en su diario, incluso más que la palabra «ciervo». Cuando no hay nada reseñable –un día sin «ciervos»–, se limita a escribir «nada». A veces la «nada» viene acompañada. «Nada, lluvia. Nada, deshielo. Nada, trineo. Nada, paseo sobre el agua, después de cenar. Nada, comedia. Nada, pelota. Nada, primer baile en casa de Madame de Guéménée».

El 16 de mayo de 1770 contrae matrimonio con Marie Antoinette de Austria. Todo está listo para la consumación: los novios reciben sus camisones de manos del rey Luis XV y el lecho nupcial ha sido bendecido por el arzobispo de Reims. Pero a la mañana siguiente, el príncipe heredero abre su cuaderno y escribe: «Nada».

«Nada» es también la palabra que Luis XVI escribe el 14 de julio de 1789, cuando una multitud enfurecida asalta la prisión parisina de la Bastilla, mientras el rey se encuentra cazando ciervos por los alrededores de Versalles.

El 21 de enero de 1793, la cabeza del rey sale rodando sobre un tablado de madera colocado en medio de una plaza que ha cambiado de nombre, ante una muchedumbre que jalea, canta y baila alrededor del cadalso. Meses antes de su detención, Luis XVI había dejado escrita la última entrada de su diario: «Nada».

J. M. W. Turner, hijo de un vendedor de pelucas y de una carnicera enloquecida, fue un talento precoz y afortunado. De carácter retraído y huraño, caminaba cada día decenas de kilómetros en busca de cosas que pintar.

En los cientos de cuadernos que dejó tras su muerte, los dibujos a lápiz de castillos, barcos, ruinas, puertos y campiñas se mezclan con notas manuscritas, listas de ropa o de ciudades, hojas disecadas, acuarelas de cielos de todas las épocas, tonalidades y consistencias, estudios de mares enfurecidos, picados, cabrilleantes o completamente calmos, esquemas de composición y perspectiva, citas de Homero, Virgilio o Thomson, recetas para fabricar lona impermeable o reflexiones sobre poesía y pintura.

En una de esas notas leemos: «El pintor debe plasmar sus ideas en la transcripción de un pasaje feliz y fugaz que supere toda descripción».

Felicidad, fugacidad. Captar sin describir.

42

También hay cuadernos de celuloide. En ellos el cineasta captura detalles y fragmentos de una realidad que aparece a sus ojos como el cuerpo gigantesco de una ballena a los ojos de un piojo de mar. Una extraña superficie móvil, brillante e inabarcable a la que asirse sin preguntar, casi por accidente, para seguir existiendo.

El cuadernista cinematográfico registra esos instantes no para inmortalizarlos, sino para rescatarlos (y rescatarse a sí mismo) de la simple inexistencia. Como si cada destello del mundo exterior fuera una hoja de aquel árbol que solo existe cuando alguien lo mira.

Jonas Mekas, el gran maestro del cine-diario, no se considera un realizador (*filmmaker*), sino un filmador (*filmer*). «No soy director porque no dirijo nada», dice.

Cine sin dirección, pero no sin rumbo. Cine sin montaje, pero no sin estructura. La estructura no es solo edición, «y tiene lugar en muchos niveles diferentes: es el ritmo del corazón, es luz, movimiento, color, es algo que da vida a tu filme y solo puede hacerse mientras se está filmando». De nuevo, escritura sin otro plan que el simple acto de escribir y dejar escrito.

Cine, además, sin otro soporte que la mano que se mueve para recoger la luz que devuelven los objetos y que llega al celuloide impregnada de su pulso. La cámara en mano es la escritura caligráfica del cine.

44

La chica del chubasquero azul turquesa escribe en su cuaderno: «Esta radio tiene tan solo un oyente, y a veces me parece que ni eso».

Pero no es verdad, y ella sabe que no es verdad.

45

«Dejo provisiones para un futuro adulto al que ayudo registrando su historia», escribe Philippe Lejeune. «Me estoy enviando un mensaje a través de los tiempos».

Para Bernardo Soares, uno de los heterónimos de Pessoa, escribir no es más que poner palabras a lo que nos rodea, ya sea una montaña, una brisa o una estatua, para convertirlo en «nuestra íntima sustancia». Si lo que escribimos es imperfecto, ¿qué más da? Cualquier parte del mundo que nos rodea también podría ser mejor de lo que es.

Hay que vivir y escribir sin propósito, propone Soares, escribir como si leyéramos en voz alta lo que vivimos. Así nuestras palabras «pasarán a ser cosas ajenas que podremos disfrutar como si vinieran con la tarde».

Escritura dirigida al futuro, a un improbable y vasto futuro.

Cuando truena la Cuba de Rota, la lluvia viene que trota.

Dice mi padre que así hablaban los viejos, barruntando lluvia, cuando sentían tronar el horizonte. Hacía muchísimo tiempo, dice mi padre, que no oía ese rugido profundo como salido del fondo del mar, del otro lado de las montañas.

Al parecer, frente a las costas de Rota, el mar penetraba con furia en un socavón que se había formado bajo una isla desaparecida. En ciertas épocas se desataba en su interior un fuerte viento que sacudía el fondo marino, subía por los acantilados y resonaba a varios kilómetros a la redonda. Y siempre presagiaba lluvia.

Por la noche salgo al patio con una copa de vino y me siento a escuchar el horizonte en dirección al Atlántico. Pero no oigo otra cosa que el oleaje de la autovía que bordea las montañas hacia el noroeste. Cuando ya me estoy levantando para volver adentro, siento el primer estampido. Sordo y profundo, muy diferente al de un trueno. Vuelvo a sentarme y al cabo de un par de minutos el sonido se repite. Los perros del cortijo vecino comienzan a ladrar. De manera que así es como suena la Cuba de Rota.

Dos días después, viene la tormenta, la primera del otoño. El agua corre por las regueras y el arroyo comienza a sonar desde fondo del huerto. Los gatos duermen ovillados bajo las mesas del patio. Uso un viejo paraguas para ir de mi habitación a la cocina.

Una noche, después de la lluvia, estoy buscando unos papeles que tenía metidos entre las páginas de un cuaderno. Doy vueltas por la casa, subo y bajo de una planta a otra, revisando una y otra vez los mismos cajones y estanterías. Y de repente me acuerdo de la Cuba de Rota, y salgo al patio.

Bajo el haz de la linterna, al borde de un arriate, van apareciendo los papeles medio enterrados en el barro y la hojarasca. Al recogerlos, veo que están cuarteados y amarillentos como si la lluvia los hubiera traído de un futuro muy lejano. En la mayoría de ellos la tinta está emborronada, pero la letra es legible. En cambio, en un par de hojas cuadriculadas —de las que alguien había dejado en un escritorio de la Sinagoga— no queda rastro de lo escrito. Era un poema inédito y ahora es un poema inexistente. Blanco absoluto. La verdad es que no era un buen poema. La lluvia se lo ha llevado, y sería bonito decir que a un lugar mejor donde no existen los malos poemas.

47

La chica del chubasquero azul turquesa está sentada bajo el alféizar de la ventana que ilumina apenas la pequeña cocina comedor. Desde ahí observa la olla humeante en la que se cuecen los *koldūnai* que acaba de poner en el agua. Su mirada se desvía hacia el otro extremo de la habitación. Los últimos flecos de luz que se cuelan por la ventana doran la superficie lacada de un pequeño jarrón de cerámica que compró en un rastro de Sevilla por cuatro euros. Ahí están las rosas silvestres que su amiga Raminta le trajo de las dunas de Nida hace dos días, justo antes de ser internada, o hacerse internar.

Desde el fondo de los altavoces, el colgado de Douglas P. canta:

In a foreign land
In a foreign time
Reaping time had come
In a foreign land

El agua comienza a hervir y la luz que brilla sobre el pequeño jarrón se vuelve más rojiza al
tiempo que se difumina. Le viene a la cabeza la
imagen de una tienda de campaña iluminada, y
eso le trae a la memoria una escena de los Mumin, aquellas criaturas rechonchas con cabeza
de hipopótamo que vivían en el bosque en una
casa con forma de seta. Un día la familia Mumin
se enteraba de la llegada inminente de un cometa
que destruiría el mundo. Y el pequeño de la familia, junto a su amigo Sniff, una mezcla de perro,
rata y conejo, viajaba en busca de un observato-
rio para tratar de entender qué estaba pasando.

Recuerda perfectamente la escena: desde el
barco, Mumin y Sniff divisan sobre la orilla una
extraña luz con forma de azucarillo brillante.
Al aproximarse descubren que en realidad se
trata una tienda de campaña iluminada por dentro. De su interior brota una soñolienta melodía
de armónica. Es Snuffkin, el sabio errante, que
sale de la tienda, les da la bienvenida y pregunta:
«¿No tendréis por casualidad algo de café?».

Es curioso, porque había olvidado por completo
esa lectura. Y sigue sin entender dos cosas: pri-

mero, ¿qué ha disparado el recuerdo en ese preciso momento?; segundo, si estaba completamente olvidado, borrado, ¿cómo puede ser que de repente ya no lo esté? En realidad, ambas son la misma pregunta. Pero hay otra: ¿por qué necesita recordar eso precisamente ahora?

En ese momento la luz que penetra por la ventana rasando los tejados cae justo sobre los pétalos mustios de la rosa de las dunas. Vuelve a pensar en Raminta. ¿Qué estará haciendo ahora?, se pregunta sin preguntárselo, con un escalofrío que le recorre la espalda. Apaga el fuego de la hornilla, sirve los *koldunai* sobre un bol con nata ácida y se los come casi a oscuras.

48

«Una tienda amarilla con una luz en su interior parece una linterna china o algún tipo de naranja iluminada», escribía en 1964 Tove Jansson, la creadora de los Mumin. Acababa de llegar a la isla de Klovharun, en el golfo de Finlandia, donde tenía intención de instalarse con su pareja, la artista gráfica Tuulikki Pietilä, *Tooti*. Así lo cuenta en sus *Notas desde una isla*.

A Tove Jansson le fascinaban las islas y las rocas. Y por eso eligió la isla de Klovharun, que no es más que un promontorio de granito en medio del mar Báltico, sin árboles, sin apenas vegetación, azotada por los vientos y las tormentas y anegada por las mareas. Esa isla-roca era el mejor lugar en el que compartir vida y trabajo con su gran amor, Tooti, sin tener que dar demasiadas explicaciones.

Con la ayuda de Sven Brunström, un pescador estrafalario con fama de pirata, construyeron una pequeña casa de madera en lo alto de la isla. En las *Notas*, las brillantes observaciones de Jansson se entrelazan y dialogan con las lacónicas anotaciones de los diarios de Brunström, en las que escasean los adjetivos y abundan las listas de herramientas y los comentarios meteorológicos.

Durante la construcción de la cabaña, Tove y Tooti conviven y comparten tareas con los albañiles, cargando piedras, alineando tablas, colocando ladrillos, cazando, pescando y cocinando para toda la cuadrilla. Duermen en una tienda de campaña instalada entre las rocas, a resguardo del fuerte viento del suroeste. Si asomas la cabeza, no se ve el mar, cuenta Jansson, solo las paredes de roca y el cielo. Pasa un avión sobre sus cabezas. Jansson alza la vista y se pregunta qué estarán pensando esos de ahí arriba al ver esta luz brillando en medio de la inmensa negrura del mar.

El 11 de julio, Brunström escribe: «No hay mucho sobre lo que escribir ahora que la cabaña está terminada. Solo quedan algunos pequeños detalles. Sobre todo viento y tiempo para escribir».

Celebran el fin de las obras «con pescado blanco y vodka, velas y paños rojos, acordeón, tocadiscos y baile», cuenta Jansson. «Creo que nunca he sido tan feliz como durante aquellas semanas», escribe en otra parte. «¡Trabajábamos como si nuestras vidas dependieran de ello!».

Ayer, encuentro con Valdas y Veronika. Aperitivo en nuestra casa y cena en el piso al que acaban de mudarse, frente al mercado de Halė, en el barrio de la Estación.

Veronika saca una caja de cartón de debajo de una mesita baja y nos muestra unos viejos cuadernos escolares. Son los diarios de un tío de la madre de Valdas. Esmerada caligrafía sobre hoja pautada en cuadrícula diagonal. La anotación más temprana es de 1923; las últimas están fechadas en los años sesenta. Pero muchos cuadernos se han perdido. Los que se han conservado estaban dispersos entre los libros de Valdas, que ahora cubren las paredes del salón.

—Cuando leo esos diarios —dice Veronika—, viajo a otro mundo.

Valdas muestra poco interés por los cuadernos de su tío abuelo. Parece dispuesto a disipar cualquier manifestación de entusiasmo que pueda caer bajo sospecha de sentimentalismo.

Después de la cena, mientras fumamos frente a la chimenea, vuelvo a hojear uno de los cuadernos que han quedado sobre la mesilla. El dedo índice de mi mano izquierda, que palpita por una quemadura que acabo de hacerme al encender el cigarrillo, se detiene sobre una palabra que a veces hace que me pregunte qué hago aquí: *saulė* (sol).

50

Al anochecer, Tove Jansson se sentaba frente a la cabaña y miraba la ventana iluminada. Se oía a lo lejos el rumor de un barco de motor diésel que cruzaba la bahía. Imaginaba que un forastero, atraído por la luz de la ventana, atracaba en la isla, subía por esa misma ladera y se asomaba por la ventana al interior de la casa. ¿Qué vería?, se pregunta Jansson. «Dos personas sentadas frente a frente en la mesa con la lámpara, cada una haciendo su trabajo sin necesidad de decir palabra».

En la isla de Klovharun, el derecho a trabajar en paz exigía un plus de voluntad y resistencia. Para mantener el orden, había que cazar o pescar, recoger leña a la deriva, viajar en barca en busca de provisiones y mantener la vivienda frente a las mareas y tormentas. «Si puedes trabajar, Harun es el mejor lugar imaginable», asegura Jansson. Así vivieron Tove y Tooti durante veintiséis veranos.

Pero una mañana, Jansson notó que le costaba un enorme esfuerzo recoger las redes de pesca. Ciertas tareas menores, como subir al tejado a limpiar la chimenea, se habían vuelto pesadas de repente. Y había algo más grave: empezaba a tenerle miedo al mar, un miedo que le costaba no interpretar como una traición a la isla y a sí misma. Finalmente, Tove y Tooti llegaron a la difícil conclusión de que debían abandonar Klovharun.

Tove escribió en su cuaderno: «Hay un delicado equilibrio entre la calma absoluta de la llegada y el estrés de la partida». Luego tachó «delicado» y añadió: «ambos son indispensables». Y se quedó pensando en lo que estaba tratando de decir. Aquel verano de 1991 fue el último verano en la isla.

51

¿Para quién escribe el cuadernista? No exactamente para sí mismo, no exactamente para nadie. ¿Se siente leído mientras escribe *para sí y para nadie* o se siente esperado, desde muy lejos, por el último lector de la tierra? No vamos a responder a eso, aunque pudiéramos.

Cada cuaderno teje y alimenta a su manera esa indeterminación, esa improbabilidad difusa, esa retorcida esperanza, tan humana, que es su condición de posibilidad.

La cuadernística, para qué engañarse, es difícil de justificar como forma de comunicación. Así que la primera regla del cuadernista es: *No tratarás de justificarte.*

Fin del manifiesto.

Tuvo que ser en 1991, calcula la chica del chubasquero azul turquesa. Y fue en verano, por su cumpleaños. No recuerda quién le regaló ese libro de los Mumin, pero está segura de que fue por su cumpleaños.

Su madre subía a leerle un capítulo antes de dormir. Pero al final era ella la que leía y su madre la que no tardaba en quedarse dormida. Apagaba la luz y su madre se convertía en una sombra que respiraba pesadamente, como si hubiera quedado atrapada muy al fondo de su sueño. Prefería no despertarla. Se amoldaba al cuerpo ovillado de su madre y colocaba la cabeza en su cuello. El pelo de su madre olía a arena de playa. Eso es curioso, porque no tiene muy claro a qué huele la arena de playa, pero está segura de que así era como olía el pelo de su madre cuando se quedaba dormida. Del otro lado de la habitación, una línea de luz se encendía y se apagaba, crujía el suelo de madera y se cerraba una puerta. Y se hacía otra vez el silencio y la oscuridad.

El año 1991 fue también el año de los tanques. Cuando se derritió la nieve, emergieron unas grietas oscuras que atravesaban el asfalto de la avenida, como si la carretera se hubiera partido por la mitad. Eran las grietas que habían dejado las orugas de los tanques soviéticos al cruzar la ciudad. Su padre la alzaba frente a la ventana y señalaba la avenida. Podría haberse inventado cualquier cosa, pero le dijo la verdad: eran las huellas de los tanques. Seguramente ella ni siquiera sabía muy bien qué era un tanque. Pero su padre también le dijo que los tanques que habían pasado por allí se habían ido para no volver.

Poco después, a su padre se lo tragó la tierra. Y esa conversación sobre los tanques, aquel verano de 1991, es la única que recuerda haber tenido con su padre.

Todo eso, la tienda iluminada, el libro de los Mumin, el olor del pelo de su madre, los tanques y la cara borrada de su padre, todo eso había vuelto al mirar las últimas hilachas de sol sobre el pequeño jarrón en el que estaban colocadas las rosas silvestres que le había traído Raminta de las dunas de Nida. Pero no lo apuntó en su cuaderno.

53

Los poemas que Emily Dickinson publicó en vida se cuentan, casi literalmente, con los dedos de una mano.

Toda su obra se gestó en la reclusión voluntaria: en márgenes de libros, trozos de periódico, sobres de cartas, tiras de papel y hojas sueltas que cosía a mano. Pero no fue una obra secreta por capricho o demencia, sino por necesidad. El secreto fue la materia en la que Dickinson modeló su mundo y su lenguaje; una condición inicial irrenunciable. Lo demás, lo que vendría después, no parecía preocuparle demasiado.

54

Pero también el secreto es un punto de llegada.

En 1986, Pedro Casariego Córdoba dio por finalizada su obra literaria. Desde entonces, toda su creatividad se volcó en la pintura, la escritura privada y el cuidado del jardín familiar.

Para Pe Cas Cor, el verdadero artista es el «artista interior». Aquellos que exteriorizan su obra son los artistas débiles, «poetas de segunda» incapaces de construir su obra solo dentro de sí mismos y para sí mismos. «Solo existe el artista interior, solo se puede ser artista secreto».

55

El cuaderno no es necesariamente un secreto, aunque muchos escritores encuentran cobijo en el secreto de un cuaderno.

Un cuaderno puede mostrarse, leerse en voz alta e incluso ser publicado. Pero esto no cambiará su razón de ser, que es el escribir por escribir, escribir como se piensa o como se mira o como se respira.

56

La ejecución de Luis XVI fue la clave para descifrar los diarios secretos de Beatrix Potter.

Potter, una celebridad de la literatura infantil, había vendido millones de ejemplares de obras como *The Tale of Peter Rabbit* o *The Tale of Two Bad Mice*. Poco antes de su muerte, en una carta dirigida a su prima Caroline Clark, mencionaba unos papeles escritos muchos años antes en «una especie de taquigrafía cifrada». Se trataba de los diarios que había mantenido entre los catorce y treinta años usando un alfabeto privado. Eran, en palabras de Potter, «composiciones exasperantes y absurdas» que en ese momento no podría leer «ni siquiera con una lupa».

Poco más se supo de esos papeles hasta que, en 1952, cayeron en las manos del coleccionista Leslie Linder, un millonario ocioso y fanático de la obra de Potter.

El código empleado, de sustitución letra por letra, no parecía especialmente complejo. El verdadero desafío estaba en desentrañar la apretada caligrafía de la autora, un garabato laberíntico de millones de palabras que resultó impenetrable para Linder tras cinco años de trabajo.

Agotado y desanimado, en la Pascua de 1958, decidió echar una última ojeada antes de dar carpetazo al proyecto. Eligió una página al azar y de repente, en medio de la maraña de símbolos, pudo reconocer siete caracteres que parecían significar algo: dos cifras, una en números romanos («XVI») y otra en arábigos («1793»). No tardó en comprender que se trataba de Luis XVI y del año de su ejecución. De hecho, esa palabra, «execution», oculta junto a las dos fechas, fue la piedra rosetta que permitió despejar las ocho primeras letras del alfabeto, incluyendo cuatro vocales. Ese mismo lunes de Pascua, a medianoche, la escritura en clave de Beatrix Potter había quedado prácticamente despejada.

Con ese alfabeto secreto, la joven artista consiguió burlar la estricta vigilancia de una madre autoritaria y puritana. Años más tarde lograría hacer valer su propio proyecto de vida, alejada de la opresiva atmósfera victoriana. Eso no habría sido posible sin el mundo que había logrado construir para sí misma en sus cuadernos.

«Es lo mismo, dibujar, pintar, modelar, el deseo irresistible de copiar cualquier objeto bello que llame la atención», leemos en una entrada del 4 de octubre de 1884. «Cuando me sobreviene un mal momento, es un deseo más fuerte que nunca, y se instala en las cosas más raras. La última vez, a mediados de septiembre, me sorprendí en el patio trasero haciendo una copia cuidadosa y maravillada del cubo de la basura, y la risa me hizo volver en mí».

57

Así que tampoco hay que engañarse: muchos grandes cuadernos terminan publicándose. Y solo podemos dar gracias al cielo por ese accidente.

Porque leer un cuaderno es lo más parecido a salir de nuestra propia cabeza que podemos experimentar a través de la palabra escrita. Y salir de nuestra cabeza, de vez en cuando, es bueno para nuestra cabeza y para la cabeza de los que nos rodean. Siempre que podamos regresar.

58

En una entrada de su diario de 1837, Kierkegaard escribió: «¡Gracias, Lichtenberg, gracias! ¡Gracias por esta voz en el desierto!».

59

Una tarde de primavera de 1792, Georg Christoph Lichtenberg estaba asomado a una de las ventanas de su casa en las afueras de Gotinga.

Se había propuesto anotar en su cuaderno, uno a uno, los sonidos que le llegaban de la ciudad: el rumor de un molino de agua; el traqueteo de los carros que pasaban; los gritos de unos niños que cazaban abejorros; ladridos de perros desde diferentes direcciones y distancias; tres o cuatro ruiseñores cantando en los jardines cercanos; el croar de innumerables ranas; el entrechocar de unos bolos; y el sonido bastante desagradable de una corneta.

60

Lichtenberg era conocido por sus vecinos como «el hombre en la ventana». Seguramente lo veían como un tipo solitario y deprimido. Pero en realidad era feliz contemplando la vida al otro lado, anotando en su cuaderno cualquier cosa que pasara por su cabeza o por sus ojos. Así lo declara en sus papeles, que nunca pretendieron convertirse en esa obra universal que hoy conocemos como los *Aforismos*.

Lichtenberg concebía el cuaderno como un *wastebook*, un libro de contabilidad en el que quedaran reflejadas sin orden todas las cuentas del pensamiento, «un libro donde yo vaya anotando todo tal como lo veo o como me lo transmiten mis pensamientos».

En esa «vía láctea de ocurrencias» caben reflexiones, notas, anécdotas, citas, retratos, diálogos imaginarios, retruécanos, sueños, chistes, preguntas lanzadas al vacío y enunciados oscuros como un *koan*. En esos papeles también aparecen las simientes de proyectos abortados, como una *Autobiografía de instantes* o una *Teoría de los pliegues de la almohada*. En el cuaderno *K*, uno de los últimos, se lamenta: «¡Aplazar ha sido mi mayor fallo desde siempre!», y concibe una autobiografía satírica titulada *El procrastinador*, que por supuesto dejó para otro día.

Lichtenberg lo anota todo. No se detiene a corregir y, si un pasaje le parece especialmente confuso, añade entre corchetes: «Yo me entiendo». Hay que anotar sin desdeñar nada, incluso lo más burdo o cacofónico. Las ideas pueden aparecer en cualquier momento, detrás del motivo o el detalle más insignificantes. Al fin y al cabo, como él mismo escribió, la araña teje su tela incluso antes de saber que en el mundo existen las moscas.

61

Ventanas y cuadernos.

El sol está a punto de ocultarse tras los tejados del hotel Artis, del otro lado de la calle, y sus últimos flecos rozan el alféizar en el que estoy sentado.

Un coche sube o baja —traqueteo de las alcantarillas— cada 25 segundos aproximadamente. Ahora son más los que bajan que los que suben. Un gato gordo, atigrado —podría ser el que frecuenta los patios de la facultad— se detiene en medio de la carretera, oteando a su alrededor. Al sentir el rumor creciente de un coche que baja, corre hacia la acera y desaparece calle abajo.

Sobre el asfalto, una paloma y un cuervo forcejean por una cáscara de naranja. La paloma se rinde. El cuervo aletea con fuerza para marcar distancias y echar a volar con su botín en dirección al jardín de la Casa Presidencial.

De este lado suena Bill Callahan, que canta:

Let me see the colts
That will run next year
Show them to a gambling man
Thinking of the future

Me gusta ver a la gente subir y bajar la calle con su ropa de entretiempo. Apenas puedo explicarlo. Simplemente me resulta agradable verlos caminar con sus chaquetas de color caqui o sus jerséis finos recién rescatados del fondo del armario.

Pasan algunas parejas calle abajo, seguramente de vuelta de alguna de las terrazas con estufas cónicas ultramodernas de la calle Vilniaus. Él contando algo, muy concentrado y con la vista puesta en sus zapatos; ella con los brazos cruzados, repasando con la mirada los contornos de la cara de él, llevando la vista al frente cada dos o tres pasos, de la cara de él a la calle y de la calle a la cara de él, y a veces a su reflejo en las ventanas de la primera planta del hotel.

Un hombre de figura enjuta y cara rugosa, con chaqueta vaquera y botas de caña, baja por la calle dando bandazos, como un salteador de diligencias caído en desgracia. Sostiene una bolsa de gusanitos del tamaño de una almohada. Se detiene en la acera, bamboleante, a meter una mano oscura y grasienta por un agujero del paquete para llevarse un nuevo puñado a la boca. Varios gusanitos caen sobre la acera mientras el hombre reanuda su marcha. Uno de los gusanitos rebota en el bordillo y rueda sobre el asfalto. Imagino que alguna paloma o algún cuervo ya están en camino y no tardarán en engullirlo, para luego seguirle la pista al viejo cuatrero.

La vida sigue.

Todo lo que tengo que saber acerca del mundo puedo verlo a través de esta ventana.

Ya de niño, Lichtenberg anotaba en tarjetas de cartulina todas las ideas o preguntas que acudían a su mente. Como los pensamientos eran dones de cielo, había añadido a sus plegarias nocturnas un último ruego: «Por favor, algo para la tarjeta».

Un día pensó que podía ponérselo más fácil a las potencias celestes. Subió a un tejado y dejó allí una tarjeta con una pregunta dirigida a un ángel: «¿Qué es la aurora boreal?».

A la mañana siguiente, nervioso, regresó a por su tarjeta, pero la respuesta no había llegado. El niño no podía saberlo, pero años después, él y su tarjeta regresarían a aquel tejado a través de un cuaderno, con la misma pregunta sin respuesta. Lichtenberg lo anota para no olvidarlo, y remacha: «¡Ay, si hubiera habido un canalla que la respondiera!».

Mi madre me envía una foto en blanco y negro de finales de los sesenta. Ella tiene dieciséis años y aparece sobre un fondo de árboles oscuros y cielo quemado. Lleva el pelo recogido con un pañuelo y una blusa estampada de la que dice acordarse perfectamente.

Tras ella se distingue el tendedero que tenían frente a la casa, del otro lado de la carretera. Un alambre sujeto con palos y unido a los postes de una cerca igualmente destartalada. En el centro, hay tendidas dos pequeñas prendas blancas que podrían ser los pañales de un bebé. Otras ropas más oscuras cuelgan sobre el alambre de la valla.

Al fondo se ven algunas piedras y la loma cubierta de chaparros. La mayoría de esos árboles son hoy un puñado de tocones podridos. Pero las piedras siguen ahí. Podría buscarlas y calcular con bastante precisión el lugar desde el que se tiró la foto.

Al pie del tendedero, en el rellano de tierra, hay un tronco con la punta quemada, ¿no lo ves?, dice mi madre. Pues sí, parecen los restos de una hoguera. Ahí, dice, es donde preparaba sus guisos Carmen *la Gitana*. Allí cocinaban y comían cada día, ella y su marido, vendedores ambulantes de ropa. En primavera y verano, mi abuelo les permitía dormir bajo el sombrajo de la venta. Se acurrucaban sobre una manta en el suelo del patio y allí amanecían. En invierno buscaban otro lugar, aunque seguramente no andaban lejos de allí.

Es de noche y estoy sentado en ese mismo patio bebiéndome una cerveza. Pienso en los dos gitanos. Seguramente dormían justo ahí, en la esquina que ahora ocupa mi bicicleta elíptica. Casi puedo verlos en este preciso momento. Primero, dos sombras alargadas y paralelas; luego, dos cuerpos vivos tendidos en la penumbra. Duermen profundamente, estoy seguro. Es una noche tibia y acogedora, de luna menguante. Están vivos, se tienen el uno al otro y no hay mucho más que perder. Me acerco y oigo su respiración pausada, plácida, de la que escapa algún ronquido suave. Vuelvo a mi escalón, cierro el cuaderno y me pregunto si alguna vez conseguiré dormir así.

64

Algunos cuadernos se llaman «diarios íntimos».

Asunto espinoso, la intimidad. Hay quienes han visto en ella el auténtico tema de cualquier diario.

Muchos diaristas se han lamentado de la imposibilidad de poner en palabras lo más interior (lo *íntimo*) de sí mismos. Para santa Teresa, esas palabras «son tan difíciles de decir» que si se acierta, es solo por casualidad. Rosa Chacel expresa esa misma impotencia con una frase que aparece habitualmente en sus diarios: «No he logrado decir nada de lo que quería».

Si lo íntimo es incomunicable por definición, ¿por qué habría que tomarse tantas molestias en buscarle un escondrijo?

Quizás el diario, el cuaderno, más que un cofre en el que ocultar, sea una pequeña rendija que pone luz y lenguaje a eso que apenas puede tenerlo.

Escribir para nadie más, escribir en el limbo. Rebuscar entre las palabras que quedan como quien no pierde la esperanza de encontrar una pequeña ventana inesperada a algún patio en el que resuenan voces o asoma algún resquicio de cielo. Quizás solo desde ahí adentro es posible encontrar las palabras que puedan avisar, ahí afuera, en el mundo exterior, de que algo está diciéndose en nosotros, como en aquel poema de Pe Cas Cor:

> aleluya
>   aleluya
> al fin he construido
> una canoa
> con la corteza
> de mi abedul
> de mi alegría oculta

65

El *Journal Intime* de Henri Frédéric Amiel (1884) puede considerarse, o no, el primer diario literario publicado en Europa. Tanto da. Lo que está claro es que esas diecisiete mil páginas constituyen uno de los proyectos de autoexploración (y autoexclusión) más ambiciosos y radicales de la historia de la literatura.

Los diarios de Amiel son, tal y como él los definió, «un recogimiento voluntario pluma en mano», un portentoso ejercicio de escritura ascética. «Mis diarios», confesó, «son mi itinerario psicológico, mi protección contra el óxido del pensamiento, mi pretexto para vivir, casi la única cosa útil que podré dejar después de mi muerte».

La intimidad carece de lenguaje. Solo la pura exterioridad, con sus figuras fugaces e inacabadas, puede expresarla. «Lo más profundo del hombre es la superficie, la piel», decía Josep Pla en una entrevista, citando a Valéry. En su *Cuaderno gris* se pronuncia en esa misma línea: «La intimidad pura, bien pensado, debe de ser la espontaneidad pura, o sea una secreción visceral e inconexa». Habría que disponer «de un lenguaje y un léxico eficaces» para representarla.

Ese lenguaje solo puede venir de la superficie de nuestro mundo, esa superficie oscura o brillante, poblada de cuerpos calientes o fríos, amados o repudiados, cosas vivas o inertes, grillos, piedras, semáforos, fuegos que se apagan o pantallas que parpadean, ladridos de perros y coches que pasan bajo una lluvia color sepia.

En *Excellences & Perfections*, la netartista Amalia Ulman usó Instagram para construir una ficción de flamantes desayunos de postal, eslóganes de autoayuda, lencería cara, adicciones varias, meditación zen, cirugía de pechos, crisis nerviosas y otros simulacros de exhibicionismo compulsivo.

El germen de ese proyecto está, precisamente, en un diario convertido por accidente en una farsa de intimidad.

Cuenta Ulman que, cuando era una adolescente inmigrante en Gijón, a su madre le dio por fisgonear en su diario personal. Fue un incidente puntual, pero bastó para cambiar completamente su manera de contarse a sí misma. A ese cuaderno le había nacido otro habitante, un lector. Y aunque la madre no reincidiera en sus intrusiones, desde aquel momento el diario íntimo se convirtió en remedo de intimidad, en una ficción. Después de eso, confiesa, «en vez de contar lo que sentía, empecé a escribir lo que quería que leyeran sobre mí».

68

Antonio Machado desconfiaba de los diarios íntimos. «Nada menos íntimo que esos diarios», puso en boca de su Juan de Mairena.

«¿Es el momento de comenzar un diario íntimo?», llega a preguntarse. Y la respuesta es que no: quedan «pocos días que anotar» y sería imposible anotar los que ya pasaron.

El último poema de Machado, hallado por su hermano en un bolsillo de su chaqueta, es un solo verso que queda en el aire, truncado por unos puntos suspensivos, pero que dice por sí mismo todo lo que le falta:

Estos días azules y este sol de la infancia...

69

Hay cuadernos que nacen para ser publicados. Es el caso del monumental *Diario* de Gombrowicz, que tiene poco de auténtico diario más allá de su nombre y su estructura cronológica.

Hay también cuadernos que se reescriben durante media vida. Así lo hizo Josep Pla con su diario juvenil de 1918-1919. Durante décadas volvió una y otra vez a ese cuaderno de tapas grises, a la dulce indolencia de aquellos días en Palafrugell, para corregir, ampliar y reorganizar las notas que, casi medio siglo más tarde, se convertirían en el *Cuaderno gris*.

70

No importa si un cuaderno se publica o no. Y lo importante es justamente eso: que no importe.

No importa si la publicación está o no en el horizonte de un cuaderno; eso es asunto de los biógrafos y los historiadores de la literatura. Porque lo que hace de un cuaderno un cuaderno —y no una novela, una autobiografía o un ensayo— es anterior a su existencia literaria: la escritura sin plan, adherida al instante, corriente sin dirección o mosaico sin musa, escritura flotante, ajena a un fin y ajena a su fin, como la luz que pasa por el agujero de una caja de cerillas.

71

Cantaba Paco Toronjo, por sevillanas y muy beckettianamente:

Pero es mentira
Que con el pensamiento
Pero es mentira
Que con el pensamiento
No se camina

Puede que sea cierto que con el pensamiento no se camina. Y es una pena. Pero sí es posible pensar e incluso escribir con los pies. Para Jean-Jacques Rousseau ni siquiera existe otra manera.

«Nunca hago nada salvo durante el paseo, el campo es mi gabinete», declara. Sentarse a escribir le quita las ganas de escribir. Tan solo en movimiento, libre de la carga de pensar, puede empezar a pensar y después a escribir. «Voy echando mis pensamientos esparcidos y sin continuidad sobre trozos de papel».

La escritura se convierte en la huella que va dejando ese pensamiento que camina. «Mi vida entera no ha sido apenas otra cosa que una larga ensoñación dividida en capítulos por mis paseos de cada día».

A punto de cumplir los sesenta años, Rousseau comienza a sentirse odiado y perseguido por todos. No le faltan motivos: condenado en París por las ideas anticlericales del *Emilio*; condenado en Ginebra por las ideas revolucionarias de *El contrato social*; expulsado de Yverdon y del cantón de Berna; insultado y apedreado en Motiers, donde además no gusta demasiado el traje de armenio con el que suele ir vestido; expulsado de nuevo de la isla de Saint-Pierre, en el lago de Bienne. Desesperado, pide que lo encarcelen para tener un rato de paz. Las autoridades de Berna le responden con otra orden de expulsión.

A instancias de David Hume, en 1766, decide instalarse en Londres con su perro Sultán. Ya en Inglaterra, Rousseau insiste en acudir a las veladas de sociedad vestido con camisola, dolmán y gorra de piel de estilo armenio, lo que le acarrea nuevas acusaciones, humillaciones y broncas. La psicosis y las manías estrafalarias van a más, hasta que la paciencia de sus anfitriones ingleses termina estallando. La amistad con Hume se hace añicos. Rousseau escribe al general Conway: «Quiero salir de Inglaterra o de la vida».

73

Un cuervo. Escribir: un cuervo.

¿Y si bastara solo con eso? Traer al cuervo aquí, con solo nombrarlo, y que él solito haga lo que tenga que hacer para ser ese cuervo que da brincos frente a ti, entre la hojarasca del parque abandonado de la Sinagoga, cuando el sol está a punto de trasponer el perfil rosáceo de los bloques de la calle Vokiečių.

Comprobarías con tus propios ojos, sin trucos ni apaños narrativos, que la proverbial cleptomanía de los cuervos no es en absoluto una patraña. Porque nuestro cuervo, ahí lo tienes, acaba de asomar la cabeza entre la hojarasca crujiente sosteniendo en su pico un trozo de cristal que lanza destellos tornasolados al contacto con la última luz de la tarde.

Sería así de fácil. Pondríamos al cuervo ahí, por el acto mágico del simple nombrar, del hacer aparecer, sin otro atributo que su sola presencia. Y ahí lo tendríamos, idéntico a sí mismo, pleno de una realidad que ya no nos pertenece ni nos pide nada para seguir adelante.

Un ver sin ojos, un mirar sin historia. El cuervo, la hojarasca, la última luz, el trozo de cristal, el destello. Como si solo bastara con nombrar y todo lo demás llegara sin palabras.

74

Dos años antes de su muerte y ya retirado del mundo, Rousseau comienza a trabajar en las *Ensoñaciones de un paseante solitario*.

Una sobremesa de otoño de 1776, sale a dar un paseo por los alrededores de Ménilmontant. La vendimia ha terminado y los campos están ya desiertos.

«¿Qué he hecho aquí abajo?», se pregunta. Y su vida se le aparece entonces como esa campiña «dulce y triste» que tiene ante sus ojos, todavía verde pero ya en franca decadencia.

Por la tarde, en el camino de vuelta, oye el traqueteo de un tiro de caballos. No tiene tiempo para reaccionar. Un enorme perro danés que corre a toda velocidad delante del carruaje se le echa encima brutalmente. Cuando despierta, el cielo está cubierto de estrellas y no puede recordar su nombre ni cómo regresar a casa.

Esta violenta interrupción de sus ensoñaciones marca al mismo tiempo su verdadero punto de partida. «Nací en ese instante a la vida, y me parecía que con mi ligera existencia llenaba todos los objetos que percibía».

La escalera entre las ramas del granado no está allí para subir a la primera luna de otoño, ni a los grillos que cantan cada vez más hacia lo alto, ni a los coches que iluminan las paredes con fantasmas de árboles.

Con esa vieja escalera ni se sube ni se baja, ni ahora ni en un futuro próximo. A menos que desees dejar aparcado tu cuerpo en este mundo para aprender a sonreír en el más allá.

Este mundo pesa una barbaridad. Por eso caminamos o nos corre la sangre hacia los pies. O por eso, o pese a todo, los granados tienen que estirarse hacia el azul para que este mundo produzca pensamientos para todos.

Así que esa escalera no te conduce a ningún lugar. Mejor que no lo haga, de hecho. Pero apúntala nuestras ganas de lluvia o de ángeles o de recuerdos frescos. Sumerge en el fondo a la balle-

na, separa a los vivos de los muertos, nos deja cre-
cer las uñas de los pies y mantiene en el aire, un
rato más, los pequeños mundos que van a caer.

76

Cuando despierto, está anocheciendo y el ven-daval ha empezado a aflojar. El olor a especias procede del libro de hojas amarillas que ha que-dado abierto sobre la almohada. He pasado el día encerrado en la habitación, a resguardo del vien-to en los cuadernos de una adolescente ucraniana de finales del siglo xix. Abro de nuevo el *Dia-rio* de la joven pintora y escritora Maria Bash-kirtseff. Me detengo en una entrada del 12 de mayo de 1877: «Quisiera afeitarme la cabeza para no tener el trabajo de peinarme». Doce días más tarde anota: «Casi diecisiete años y ¿qué he he-cho? Nada...».

A Bashkirtseff le aterraba el paso del tiempo, envejecer demasiado pronto y desaparecer sin dejar huella. «Pero me consuelo pensando que cuando me leáis no tendré ninguna edad», con-fiesa en el prólogo a sus diarios que preparó poco antes de su muerte a los veinticinco años.

Sus primeras notas son las de una adolescente impulsiva y caprichosa, pero dotada ya de una sagacidad y una madurez intelectual desconcertantes. De cada explosión de entusiasmo o de amargura, cada observación aguda o frase lapidaria, brota una segunda voz aún más sutil que desmenuza, matiza, contradice e incluso ridiculiza todo lo anterior. Pero hay algo que no está sujeto a discusión ni ironía, ni se ve alterado por la maduración de sus ideas o su estilo. «Soy joven, lo sé», escribe en noviembre de 1877, «pero no para lo que yo quiero, no…». Lo que ella quiere por encima de todo es ser famosa. «A los veintidós seré célebre o moriré».

A lo largo de los ochenta y cuatro cuadernos de su diario, encontramos a Marie esquiando en Niza, recibiendo lecciones de canto y pintura en Roma, enamorándose del propietario de un castillo en Montecarlo, asistiendo a conciertos de ópera en Viena o de flamenco en Madrid. La vemos atravesar los bulevares a toda velocidad en su propio coche deportivo de dos plazas, moverse como pez en el agua en los más destacados salones parisinos, permanecer horas frente al espejo mirando su cuerpo desnudo, rechazar peticiones de matrimonio y enamorarse de hombres ricos y difíciles, a menudo alcohólicos. La encontramos enfrascada en sus cuadros o dibujos, entusiasmada o desesperada, adorando o envidiando, soñando o renegando, sintiéndose insignificante o eterna. Tiene prisa por llegar y teme llegar demasiado tarde. La enfermedad la sorprende a las puertas de la fama y se lo lleva todo por delante. O casi todo. Los miles de páginas que Marie ha escrito hasta ese momento se convierten en su último recurso.

Mi edición de segunda mano del *Diario* de Bashkirtseff se publicó en Argentina en 1944. La primera página está firmada por su anterior propietaria, una tal Gloria Mabel Stella, con fecha
de 8 de marzo de 1948. Que Gloria Mabel ha
pasado por aquí antes que yo es evidente por el
suave subrayado a lápiz de varios pasajes y por
algunas notas breves en los márgenes. Viajo hacia adelante y hacia atrás por la vida de Marie
siguiendo las señales a lápiz de Gloria Mabel.

Gloria Mabel no ha subrayado este pasaje del 30
de septiembre de 1878: «Desearía ser un hombre. Sé que podría llegar a ser alguien. El matrimonio es la única carrera de las mujeres; los
hombres tienen treinta y seis probabilidades; la
mujer solo una, el cero».

Marie no descarta explícitamente la idea del matrimonio; más bien la exacerba y sublima hasta lo
insostenible. Emulando a su admirado Stendhal,

disecciona con rigor naturalista su concepción del amor. «Si el "objeto" tiene todas las perfecciones y nosotras nos dejamos ir, llegamos al amor». Sometiéndolo a la máxima idealización y a un implacable análisis, Marie termina por escurrir el bulto del matrimonio y centrarse en lo que realmente le quita el sueño: triunfar como artista. «Yo no creo posible poseer nunca un sentimiento al cual la ambición no esté mezclada. Desprecio a las personas que no son nada».

Gloria Mabel ha rodeado con su lápiz una fecha y una frase. Jueves, 24 de mayo de 1883: «¡Lo he conseguido!». Es el anuncio del primer reconocimiento importante de Bashkirtseff como pintora en el *Salon de Paris*. En la misma página, topo con esta otra entrada, también subrayada: «Soñé que habían puesto sobre mi cama un ataúd y decían que en él había una jovencita».

Paso páginas y busco lo que escribió Marie un día como hoy de hace exactamente 140 años. La nota es breve y lapidaria, como si la joven quisiera zanjar de un plumazo una pregunta impertinente. «Sí, estoy tísica, y mi mal avanza». La enfermedad amenaza con alejarla definitivamente de los pinceles y de la fama. Por eso sus esperanzas terminan volcándose en los cuadernos. «Sería curioso», confiesa, «que el relato de mis fracasos y de mi oscuridad fuera a darme lo que busco y buscaré siempre». Cinco meses antes de su muerte, escribe un prefacio a su *Diario*, en el que asegura contar «*la* absoluta, *la* estricta verdad».

La última entrada, del 20 de octubre de 1884, termina con esta frase: «Me es muy difícil subir la escalera». Debajo, encuentro una anotación a lápiz de Gloria Mabel: «¡Hágase tu voluntad!». No sé si se refiere a Dios o a Marie. Supongo que vale para los dos.

79

¿Cómo se retira un cuadernista? ¿Cómo termina el último cuaderno?

Todas las posibilidades se reducen, en el fondo, a dos: abandonamos el cuaderno o el cuaderno nos abandona.

Respecto a lo primero, Philippe Lejeune ha escrito: «A veces sientes que tu diario se atrofia, se deshace, se disuelve. [...] Te despiertas de él como de un sueño».

Así le sucedió al novelista francés Roger Martin du Gaard. Un mes después de la muerte de su mujer, anotó en su diario: «El hecho de que no haya sentido ni una sola vez la tentación de abrir este diario, para anotar el acontecimiento más grave de toda mi vida, demuestra sin duda que este diario está acabado». El final llega, en este caso, como un alejamiento paulatino, como la lenta disolución de un espacio de intimidad.

En otras ocasiones, la decisión es mucho más consciente y drástica. En la última nota de su diario, del 18 de agosto de 1950, Cesare Pavese declara: «No escribiré más». Escribir, en su caso, incluía también todo lo demás.

80

Pero si no se abandona el cuaderno, la muerte actuará de oficio.

Ya hemos dicho que un buen cuadernista es el que se queda dormido sobre su cuaderno. Pero aún mejor es el cuadernista que muere sobre su cuaderno.

El cuadernista se aferra a su cuaderno como a la vida. Escribe porque sobrevive y cree que sobrevive porque escribe. En las últimas páginas de un cuaderno, escritura y muerte se miran y se rehúyen desde una distancia cada vez más corta, pujando por tener la última palabra.

André Gide no encontraba la manera de terminar. Y eso solo podía significar una cosa: que el momento aún no había llegado. Escribió sus últimas líneas seis días antes de su muerte: «No puedo admitir que con el final de este cuaderno todo habrá terminado. Tal vez quiera añadir algo más. Añadir no sé qué. Solo añadir».

El poeta Louis Guillaume llevaba consigo un pequeño diario cuando fue ingresado en un hospital de París por un problema cardiaco. Tras cada anotación, solía dejar escrita la fecha del día siguiente. Como si quisiera hacer pasar un privilegio por una obligación, o como si fuera suficiente escribir la fecha para ganar el día. Su estado mejoró y los médicos comunicaron a su familia que pronto podría convalecer en casa. La víspera de Navidad, al terminar una anotación, escribió a continuación la fecha del día siguiente: 25 de diciembre de 1972. Ese día llegó, de hecho, pero no para él. Sin saberlo, había escrito en su cuaderno la fecha de su muerte, convertida en el espacio en blanco de una anotación siempre postergada.

81

La muerte puede irrumpir en un cuaderno sin anunciarse. Virginia Woolf, tres días antes de llenar de piedras los bolsillos de su abrigo y lanzarse al río Ouse, concluye su diario con esta lacónica anotación: «L está podando los rododendros».

Pero también la muerte puede dejar rastro de su paso por el cuaderno antes de imponer el silencio. Como en las últimas páginas del diario de Catherine Pozzi, cuya caligrafía se va volviendo cada vez más temblorosa y vacilante hasta desvanecerse. O como en las últimas líneas de Claude Mariac, en las que confiesa que ya es incapaz de leerse a sí mismo y que concluyen precisamente con la palabra «ilegible». O como en el último cuaderno de Jehan Rictus, donde el silencio llega con un estallido que hace saltar por los aires la escritura y deja a su paso una enorme mancha oscura que desborda la página.

A veces, la última palabra no la tiene la muerte, sino la escritura misma, y la última anotación es, literalmente, la última imagen del mundo que se abandona o que nos abandona. El periodista y crítico literario Matthey Galey murió el 23 de febrero de 1986 tras una larga enfermedad. Ese día la última idea vino del cielo y había una ventana por la que mirarla. Lo sabemos por su diario, que concluye con esta nota: «Última visión: está nevando. Inmaculada Asunción».

82

Toda obra es la forma de una elección, de una cadena de elecciones que avanza entre infinitas variaciones abortadas, en medio de una maraña invisible de pequeños escarceos y renuncias. Ese fondo oscuro es su negativo, pero también la sustancia de la que una vez estuvo hecha.

El cuaderno es el espacio en el que algunos retales de ese mundo *no dicho* se salvan de la inexistencia para formar un nuevo organismo, mucho más verdadero. Escritura que avanza en garabato, en vuelo de Lévy, a saltos aparentemente azarosos. Pero desorden que tendría sentido para quien pudiera mirarlo desde las alturas.

El cuaderno como limbo, como refugio, como caja negra, sótano, gabinete móvil o cabaña en la isla. Ejercitación sin fin y sin final.

83

En 1912, un año después de la muerte de su madre, Valle-Inclán abandona Madrid para establecerse en su Galicia natal. El propio escritor relata un episodio de esta época, en apariencia banal, que vivió como una especie de despertar gnóstico.

Sucedió un amanecer de diciembre, poco antes de la Navidad. Regresaba con su criado de una fiesta campestre y atravesaban la comarca del Salnés, la tierra de su infancia, atajando por un camino de montaña.

Al cruzar un desfiladero de ovejas, el valle se aparecía desde lo alto como una miniatura de brillantes colores esmaltados. Esos viejos caminos, que sus pies habían pisado tantas veces, ondulaban y cintilaban a través de la hierba y los sembrados recién llovidos. Sobre la transparencia de los campos, vio dibujarse para él una figura arcana y resplandeciente.

«Aquel aprendizaje de las veredas diluido por mis pasos en tantos años se me revelaba en una cifra, consumada en el regazo de los valles, cristalina por el sol, intenso por la altura, sagrado como un número pitagórico».

Esas mismas veredas recorren los cuadernos. Su escritura no sigue otro hilo que el paso de los días. La mano va llenando páginas sin más motivo, a veces, que la sombra de una idea o el destello de una rama de abedul a través de la ventana.

Todo cabe en un cuaderno, aunque su mayor parte, como en toda materia, es solo vacío. Pero está al alcance de la mano achicar ese vacío, el vacío de todo lo que nos vive y nos abandona cada día. Puedes hacer que este momento, este preciso momento, esta hormiga que atraviesa el borde de la mesa en dirección a la taza de café vacía, salga de la inexistencia y forme parte de un plan, porque forma parte de un plan. Aunque ese plan solo cobre sentido cuando puedas mirarlo desde las alturas.

84

Hay dos coches oscuros aparcados frente a la entrada del estudio, al borde del jardín abandonado, sobre las ruinas de la vieja Sinagoga. Los dos tienen, junto a la matrícula salpicada de barro y grasa, la pegatina con la verde hoja de arce. Bajo estos cielos, la hoja de arce significa que todavía conduces con los ojos muy abiertos y las manos bien sujetas al volante.

Ha empezado a llover otra vez. Una lluvia lenta cuyas gotas cazan al vuelo algunas de las hojas amarillas que se desprenden suavemente de las ramas, haciéndolas caer en picado.

Veo que a ese arce se le están cayendo las últimas hojas. Las que no terminan de caer se secarán en lo alto cuando vuelva a salir el sol, desmigajándose lentamente entre las ramas.

El agotamiento de todos los dones, te dices. Pero no está bien que pienses así.

Los viejos filósofos han dejado dicho que nada se agota. Que todo es parte de una misma sustancia inagotable. Y que, en todo caso, aquí abajo, en lo múltiple, imperfecto y mortal, no hay agotamiento al que no le siga un pequeño respiro. Sí, un pequeño respiro. Un inesperado brote de alivio que parecía ya imposible pero que otra vez vuelve. Más pequeño que el anterior y siempre más inesperado y pequeño que el anterior. Pero nunca inexistente, siempre verdadero. Como en aquella carrera estrafalaria entre Aquiles y la tortuga.

Deja que caiga la lluvia. Anota en tu cuaderno cómo caen las hojas amarillas de los arces, aunque apenas tengan futuro en el aire que todavía las sostiene.

85

El cuaderno es el camino y es el pan.

NOTAS

§ 1

Todavía me parece estar viendo a la chica del chubasquero azul turquesa al fondo de aquel patio asalvajado de la calle Liejyklos, en Vilnius.

A la izquierda del fresno, según se accede a la zona ajardinada, todavía se ven las arcadas ruinosas del viejo recinto del Palacio Radziwiłł, bombardeado durante la Segunda Guerra Mundial y de nuevo poco después, durante el rodaje de una película sobre la Segunda Guerra Mundial. El momento exacto en que salta por los aires la capilla protestante del palacio, a unos pocos metros de donde estoy sentado, puede verse en el minuto 40 de la película soviética *¿Cómo debería llamarte ahora?* (1965), de Vladimir Chebotaryov.

§ 2

Doy la traducción de Andrés Sánchez Robayna en *Cuadernos (1894-1945)* (Galaxia Gutenberg, 2007). Lamentablemente, esta edición, la única en castellano hasta la fecha, es solo una diminuta migaja de las 27.000 páginas en 261 cuadernos de gran formato que conforman los *Cuadernos* de Valéry.

§ 4

Me baso en el prólogo y la traducción de Ibon Zubiaur para *Matices y detalles* (DVD, 2008), tristemente descatalogado.

§ 7

La posibilidad de bucear en los papeles de Kenkō se la debemos a Justino Rodríguez, autor de la traducción y la presentación en *Tsurezuregusa: ocurrencias de un ocioso* (Hiperión, 1986).

§ 12

Este episodio de la infancia de Isaac Newton lo refiere Ewan Clayton en su *Historia de la escritura* (Siruela, 2015).

El cuaderno original, conocido como *Sir Isaac Newton's Memorandum Book*, forma parte del catálogo de la Morgan Library de New York, que también ofrece una versión digital del manuscrito en su colección en línea. El texto ha sido transcrito y publicado por la Universidad de Oxford en The Newton Project.

§ 13

Usé la fotografía estenopeica para obtener las 22 imágenes que ilustran los textos de *Tumba común* (Gravitaciones, 2017). Elegí la marca de cerillas Golondrina. Las primeras versiones de esos poemas nacieron en varios de mis cuadernos de aquella época, hechos a mano por Ieva Rusteikaitė (Siberiana Books).

El lector puede fabricar su propia cámara estenopeica de manera muy sencilla siguiendo alguno de los muchos tutoriales que circulan por la red. Se recomienda elegir una de esas marcas de cerillas que dan ganas de echar la tarde encendiendo y apagando fósforos mientras se mira pasar las nubes a través de la ventana.

§ 16

Tanto en esta anotación como en el epígrafe que abre este libro, doy mi propia traducción, con disculpas por adelantado, de un fragmento de «Portrait of the Writer as a Fat Man: Some Subjective Ideas or Notions on the Care and Feeding of Prose Poems», de Russell Edson, incluido en la antología *Claims for Poetry*, editada por Donald Hall (University of Michigan Press, 1982).

§ 17

«Sabemos [...] que, en verdad, solo existe lo que existe», escribe Mallarmé. Lo que falta, al parecer, lo ponemos nosotros mediante la ilusión de un «más allá».

«¿Para qué sirve todo esto? Para un juego», sentencia.

Para Mallarmé, el «motor» de la literatura es una ficción colectiva, una «superchería» que nos proyecta a un «más allá» ilusorio. Pero se resiste a llevar a cabo un «desguace impío [...] del mecanismo literario» para no arruinar el placer de un juego que, al parecer, es lo único que nos queda.

Estas ideas se encuentran en «La música y las letras», conferencia incluida en *Prosas* (Alfaguara, 1987), en traducción de Javier Prado y José Antonio Millán.

§ 21

Cito la traducción de Víctor Canicio de *El peso del mundo* (Laia, 1984).

§ 25

La cita procede de *Contra los periodistas y otros contras*, de Karl Kraus (Taurus, 2018), en traducción de Jesús Aguirre.

§ 27

No recuerdo si la primera noticia de Sei Shōnagon me llegó por *Pensar/clasificar*, de Perec, o por *Sans Soleil*, de Chris Marker.

Cito la traducción de Amalia Sato de esa joya literaria que es el *Libro de la almohada* (Adriana Hidalgo, 2001).

§ 30

Algunos de los trabajos más representativos de Lejeune sobre la génesis y la práctica del diario íntimo se recogen en *On diary* (University of Hawaii Press, 2009). Este mismo volumen recoge una retrospectiva del propio autor: «Tenir un journal. Histoire d'une enquête (1987–1997)».

§ 31

El retrato al óleo, de un tal Otis Allen Bullard, se muestra en la Dickinson Room de la Houghton Library, en Harvard. Allí se guardan también el herbario y más de mil poemas en papeles sueltos, cartas y fascículos cosidos a mano por la propia poeta.

Uno de esos poemas es el que reproduzco en la siguiente anotación, en traducción de Ana Gallup, incluido en *Herbario y antología poética* (Ya lo dijo Casimiro Parker, 2020).

§ 36

Este pasaje de los diarios de Kafka me lo recuerda el poeta y periodista Lucas Martín en su ciclo *Visiones de guerra, visiones de paz* (2021), organizado para la Colección del Museo Ruso en Málaga. Las citas, tanto en esta anotación como en la anterior, proceden de la traducción de Andrés Sánchez Pascual en *Diarios* (Debolsillo, 2006).

§ 37

El fragmento de las *Penseés* proviene de la traducción de Javier Pujol en *Pensamientos* (Planeta, 1986).

§ 39

Vila-Matas se ha referido alguna vez a su admirado Robert Walser como un «escritor sin motivo». Probablemente estaba haciéndose eco de las palabras que Canetti dedicó al autor suizo en el primer volumen de sus *Anotaciones*: «La peculiaridad de Robert Walser como escritor consiste en que nunca habla de sus motivaciones. Es el más oculto de todos los escritores». Aquí se cita la traducción de Eustaquio Barjau de *La provincia del hombre. Carnet de notas 1942-1972* (Taurus, 1982).

§ 40

Los extractos del diario de Luis XVI, en traducción propia, proceden de la selección de

Louis Nicolardot, *Journal de Louis XVI* (E. Dentu, 1873). Aunque me hago eco de ella, no he podido verificar la famosa anotación del fiasco nupcial, mencionada por Stefan Zweig en su biografía de Marie Antoinette.

§ 41

Las anotaciones de Turner sobre pintura han sido recogidas por David Blayney Brown en *J.M.W. Turner: Sketchbooks, Drawings and Watercolours* (Tate Research Publication, 2012).

§ 43

Las palabras de Mekas se citan, junto a otros extractos de entrevistas, en el artículo «Imágenes familiares: del cine doméstico al diario cinematográfico», de Efrén Cuevas (Archivos de la Filmoteca de la Generalitat Valenciana, 2003).

§ 44

Hablando de radio, ha quedado fuera de estas anotaciones —para una futura revisión— el mundo de los cuadernos sonoros o radiofónicos. Aunque no para llenar la laguna, sirva al menos como muestra el cuaderno radiofónico de M. Filitone, *Filitone's Notebook*, emitido en Lituania por Palanga Street Radio y disponible en forma de *podcast* en Soundcloud.

§ 45

Al igual que el epígrafe que abre estas páginas, esta cita procede del artículo «Lucullus dîne chez Lucullus», contenido en *Signes de vie. Le pacte autobiographique 2* (Éditions du Seuil, 2005). El texto se abre con la famosa anécdota del general romano Lucio Licinio Lúculo, relatada por Plutarco. Un día en que Lúculo cenaba solo, sus criados prepararon una cena austera para una persona. Molesto por ello, el general hizo llamar a su encargado, que se excusó alegando la falta de invitados. Lúculo lo reprendió con estas palabras: «¿Es que no sabíais que hoy Lúculo cena con Lúculo?».

Los fragmentos citados del *Libro del desasosiego* proceden de la traducción de Perfecto E. Cuadrado (Acantilado, 2002).

§ 47

El libro recordado por la chica del chubasquero azul turquesa es *Kometen Kommer*, publicado originalmente en 1968, y editado en España como *La llegada del cometa* (Salamandra, 2022).

Mi narración de las experiencias de Tove Jansson en la isla de Klovharun, en las anotaciones 48 y 50, se basa en el testimonio de la propia autora en *Notes from an island* (Sort of Books, 2021). Para un acercamiento más amplio a esta etapa de la vida de Jansson y a su fijación por las islas, he consultado también *Tove Jansson Life, Art, Words: The Authorised Biography* (Sort of Books, 2013) y *Letters from Tove* (Sort of Books, 2019).

§ 54

La idea del artista interior impregna toda la poética de Pedro Casariego Córdoba y se desarrolla de manera específica en su «Manifiesto», incluido en *Verdades a medias* (Espasa Calpe, 1999).

§ 56

Leslie Linder explica los avatares y dificultades del proyecto de transcripción del diario en clave de Beatrix Potter en la introducción de *The Journal of Beatrix Potter, 1881-1897* (F. Warne, 1989).

§ 59

Para los apuntes biográficos y los extractos de los *Aforismos* de Lichtenberg, he seguido las ediciones de Juan Villoro (Fondo de Cultura Económica, 2012) y Juan José del Solar (Edhasa, 2021).

§ 64

Debo estas reflexiones sobre la relación entre intimidad y escritura de diarios al magnífico trabajo de Anna Caballé, *Pasé la mañana escribiendo* (Fundación José Manuel Lara, 2015). De este estudio proceden también las alusiones al diario de Rosa Chacel y las cuentas de conciencia de santa Teresa de Jesús.

El fragmento de Pe Cas Cor pertenece a uno de los últimos cantos de *La voz de Mallick* (1983). El poema se plantea como una transcripción de la voz grabada de su protagonista, Mallick, un prisionero que decide romper un largo silencio para llamar a su amada Wataksi a través de la diminuta ventana de su celda azul.

§ 65

Las palabras de Amiel se recogen en la introducción a la edición española de su *Diario íntimo*, en traducción de Gonzalo Torrente Malvido (Edaf, 1974).

Sobre la génesis del diario íntimo (*journal intime*) como género literario, puede leerse el artículo «El diario como género entre lo íntimo y lo público», de Hans Rudolf Picard (Biblioteca Virtual Miguel de Cervantes, 2006).

§ 67

Las palabras que menciono de la artista Amalia Ulman aparecen en un artículo de Héctor Llanos Martínez, «Amalia Ulman, la artista veinteañera que ha colado Instagram en los museos del mundo», publicado en el blog *Verne* de *El País* (24/11/18).

§ 71

Las reflexiones de Rousseau sobre el vínculo de su escritura con el paseo se encuentran en «Mi retrato», incluido en las *Ensoñaciones del paseante solitario* (Alianza, 1984), en edición de Mauro Armiño.

Para saber más sobre los hábitos andariegos del filósofo ginebrino, puede leerse *Andar, una filosofía*, de Frédéric Gros (Taurus, 2021).

§ 72

Algunas de las peripecias que se mencionan en esta anotación proceden de *Jean Jacques Rousseau*, de Raymond Trousson (Alianza, 1995), en traducción de Mauro Armiño.

§ 74

Esta vivencia epifánica la narra el propio Rousseau en el «Segundo Paseo» de sus *Ensoñaciones* (ver nota §71).

§ 76

Mi edición de segunda mano de esa antología de los diarios de Bashkirtseff es la publicada por Espasa Calpe en 1944. No he podido resistir la tentación de buscar en Google alguna pista sobre Gloria Mabel, su anterior propietaria y mi compañera de lectura. He localizado un artículo de 1971 firmado con ese mismo nombre y apellido, titulado la *La lengua castellana y la comunicación vía satélite*. No hay ningún otro rastro de ella.

Para el esbozo de la vida de Marie Bashkirtseff, he seguido el estudio biográfico de José Horacio Mito, editor y traductor de la antología *Diario de Marie Bashkirseff* (2022).

§ 80

En esta anotación y en las dos siguientes, mencionó algunos de los casos recogidos por Philippe Lejeune en «How do diaries end?», artículo incluido en la recopilación *On diary* (University of Hawaii Press, 2009).

§ 83

Valle-Inclán relata esta experiencia mística en esa especie de guía espiritual para artistas que es *La lámpara maravillosa*, publicada en 1916. De esta misma época es el libro de poemas *El Pasajero*, donde leemos: «*Trenzando en el aire / Con púgil donaire / Los ágiles pies, / Mozas con panderos / Van por los senderos / Verdes, de Salnés*».

Estos apuntes sobre cuadernística fueron escritos en diferentes cuadernos, épocas y lugares, y recopilados junto con sus notas en un solo cuaderno en enero de 2022 en el taller de la vieja Sinagoga de Vilnius.

Títulos de esta colección:

WK

www.wunderkammer.es